内田博文

一九四六年　大阪府生まれ
一九七一年　京都大学大学院法学研究科修士課程卒業
一九七五年から一九八八年神戸学院大学法学部教員
一九八八年から九州大学法学部教授
二〇一〇年から神戸学院大学教授
二〇一三年から一般社団法人部落解放・人権研究所「差別禁止法研究会」代表。教育・研究・社会的活動を相互に関連させて三位一体で行うことを目標にしている。
現在、九州大学名誉教授、全国人権擁護委員連合会会長、「ハンセン病市民学会」共同代表

著書　『刑法と戦争』（二〇一五年みすず書房）
『治安維持法の教訓』（二〇一六年みすず書房）
単編著『歴史に学ぶ刑事訴訟法』（二〇一三年法律文化社）
共著　『冤罪福岡事件』（二〇一一年現代人文社）
『転落自白』（二〇一二年日本評論社）
編著　『ハンセン病絶対隔離政策と日本社会―無らい県運動の研究―』（二〇一四年六花出版）　など多数

「部落差別の解消の推進に関する法律」意義とこれからの課題

二〇一七年度公益社団法人福岡県人権研究所定時会員総会記念講演記録を、活用資料用に加筆修正したものです。

目次

はじめに

『「部落差別の解消の推進に関する法律」（以下、「部落差別解消推進法」と略す）の意義とこれからの課題』について、以下のことについて述べていきます。

一　部落差別解消推進法の制定に至るまでの歩み
二　部落差別解消推進法案の国会提出から可決成立までとその内容
三　法の趣旨ないし法で用いられた用語などについての提案者答弁
四　部落差別解消推進法の意義
五　法の活用
六　これからの課題

まずはじめに、部落差別解消推進法の制定に至るこれまでの歩み。それから、部落差別解消推進法案の国会成立から可決成立までとその内容。三番目に、法の趣旨ないし法で用いられた言葉、用語について提案者が国会でどのように説明していたか。いわゆる立法趣旨という点について。そして四番目に、部落差別解消推進法の意義。五番目に、法をこれからどのように活用していくのか。そのうえでのこれからの課題は何か。について説明していきます。

一　部落差別解消推進法の制定に至るまでの歩み

まず、部落差別解消推進法の制定に至るこれまでの歩みについてですが、最初の出発点となるのは、日本国憲法の施行ということになります。そのあとで、同和対策審議会の答申が出てきます。さらにそれを受けて、同和対策事業特別措置法が制定されました。そのとき、当事者の方々からは、部落解放基本法案というのが提案されています。しかし、残念ながらこの部落解放基本法案は制定に至らず、その後、当事者の方々は、個別法を一つ一つ積み重ねるというかたちで運動を展開してきました。

日本国憲法ですが、一四条一項で「すべて国民は、法の下に平等であって、人種、信条、性別、社会的身分又は門地により、政治的、経済的又は社会的関係において、差別されない」というように、法の下の平等を謳っています。この法の下の平等という観点から見ると、当然ながら部落差別は、容認されないということになります。法的に容認されないということを憲法で謳ったということになります。そして、それを受けて同和対策審議会の答申は出されています。

新しい世代の方々が、この同和対策審議会の答申を知らないというような自治体のアンケートもあるので、確認のために少し内容を紹介していきます。この答申は、きわめて重要な答申で、「同和問題の早急な解決こそ国の責務であり、同時に国民的課題である」こういうふうに明記しています。一九六五年八月一一日に答申されており、日本政府が部落差別の解決を国策として取り組むことを初めて確認した、そういう歴史的な文書であると位置づけられます。

(二) 同対審答申の第一の意義

この答申の意義の第一は、同和問題の本質を、次のように理解したことだとされています。少し読ませてもらいますが、「日本社会の歴史的発展の過程において形成された身分階層構造に基づく差別により、日本国民の一部の集団が経済的・社会的・文化的に低位の状態におかれ、現代社会においても、なおいちじるしく基本的人権を侵害され、とくに、近代社会の原理として何人にも保障されている市民的権利と自由を完全に保障されていない、もっとも深刻にし

「部落差別解消推進法」制定に至るまで

○日本国憲法

↓ 第14条　すべて国民は、法の下に平等あって、人種、信条、性別、社会的身分又は門地により、政治的、経済的又は社会的関係において、差別されない。

○同和対策審議会答申(1965年)

↓ 「早急な解決こそ国の責務であり、国民的課題である」
政府が部落差別の解決を国策として取り組むことを確認

○同和対策事業特別措置法(1969年)

↓
・地域改善対策特別措置法(1982年)
※部落解放基本法案(1982年) → 二度に渡って廃案
・地域改善対策財政特別措置法(1987年)

○部落差別解消推進法(2016)

て重大な社会問題である」と、こういうふうに位置づけたということです。

「その特徴は、多数の国民が社会的現実としての差別があるために一定地域に共同体的集落を構成していることにある。最近この集団的居住地域から離脱して一般地区に居住するものも多くなってきているが、それらの人々もまたその伝統的集落の出身なるがゆえに陰に陽に身分的差別のあつかいをうけている。集落をつくっている住民は、かつて『特殊部落』『後進部落』『細民部落』など蔑称でよばれ、明らかな差別の対象となっているのである」、「戦後の我が国の社会的状況はめざましい変化を遂げて、政治制度の民主化が前進したのみでなく、経済の高度成長を基底とする社会、経済、文化の近代化が進展したにもかかわらず、同和問題はいぜんとして未解決のままで取り残されているのである」、「しかるに、世間の一部の人々は、同和問題は過去の問題であって、今日の民主化、近代化が進んだわが国においてはもはや問題は存在しないと考えている。けれども、この問題の存在は、主観をこえた客観的事実に基づくものである」、こういうかたちで答申は、過去の問題では決してない、現在も存在しているし、この問題を解決しなければいけないと言っています。

「同和問題もまた、すべての社会事情がそうであるように、人間社会の歴史的発展の一定の段階において発生し、成長し、消滅する歴史的現象にほかならない。したがって、いかなる時代がこようと、どのように社会が変化しようと、同和問題が解決することは永久にありえないと考えるのは妥当でない。また、『寝た子をおこすな』式の考えで、同和問題はこのまま放置しておけば社会進化にともないいつとはなく解消すると主張することにも同意できない」と、解決できない問題ではない、寝た子をおこすなというかたちで解決できる問題ではない、それを解決するために国、自治体、社会が真摯に取り組んでいかなければいけない、と謳っているのです。

「実に部落差別は、半封建的な身分的差別であり、わが国の社会に潜在的または顕在的に現存し、多種多様の形態で発現する。それを分類すれば、心理的差別と実態的差別とにこれを分けることができる」、「このような心理的差別と実態的差別とは相互に因果関係を保ち相互に作用しあっている。すなわち、心理的差別が原因となって実態的差別をつくり、反面では実態的差別が原因となって心理的差別を助長するという具合になっている。そして、この相関関係が差別を再生産する悪循環をくりかえすわけである」と、部落差別には心理的差別と実態的差別が、それが相互に絡み合って悪循環を繰り返していると、こういうふうに整理しています。「近代社会における部落差別とは、ひとくちにいえば、市民的権利、自由の侵害にほかならない。市民的権利、自由とは、職業選択の自由、教育の機会均等等を保障される権利、居住及び移転の自由、結婚の自由などであり、これらの権利と自由が同和地区住民に対しては完全に保障されていないことが差別なのである」というふうに、市民的権利、自由というものが保障されていないということが差別なんだ、と謳っています。「これらの市民的権利と自由のうち、職業選択の自由、すなわち就業の機会均等が完全に保障されていないことが特に重大である。なぜなら、歴史をかえりみても、同和地区住民がその時代における主要産業の生産過程から疎外され、賤業とされる雑業に従事していたことが社会的地位の上昇と解放への道を阻む要因となっていたのであり、このことは現代社会においても変わらないからである」と、市民的権利及び自由のなかでも、とりわけ職業選択の自由が侵害されているということが非常に問題なんだ、と謳っています。

「部落差別は単なる観念の亡霊ではなく現実の社会に実在することが理解されるであろう。いかなる同和対策も、以上のような問題の認識に立脚しないかぎり、同和問題の根本的解決を実現することはもちろん、個々の行政施策の部分的効果を十分にあげることをも期待しがたいであろう」と、部落差別は現在も存在しているんだ、この事実を真摯に受け

「同和対策審議会答申」

1. 同和問題の本質

(1)本質規定 … 主観を超えた客観的事実である。

ア. 歴史的発展の過程において形成された身分階層構造に基づく差別、

イ. 国民の一部の集団が経済的・社会的・文化的に低位の状態におかれている、

ウ. 近代社会の原理としての市民的権利と自由を完全に保障されていない、

エ. 深刻にして重大な社会問題である。

(2)実態認識 … 放置しておけば社会進化にともない解消するというものではない。

ア. 差別があるために一定地域に共同体的集落を構成し、

イ. その伝統的集落の出身なるがゆえに身分的差別の扱いを受けている。

ウ. 一部の人々は民主化、近代化が進んだわが国において問題は存在しないと考えている。

止めたうえで施策をこうじていかなければいけない、そのように結んでいます。これが答申の第一の意義になります。

(二) 同対審答申の第二、第三の意義

意義の二点目は、同和問題をもって「同和問題は人類普遍の原理である人間の自由と平等に関する問題であり、日本国憲法によって保障された基本的人権にかかわる課題である。」と定義したことです。憲法で謳っている法の下の平等というのが侵されているというふうに明確に位置づけたということです。これ以降、国や自治体などにおいては、このような位置づけを前提にして政策が講じられていくということになります。

答申の意義の第三は、同和問題解決の中心課題についてで、「同和地区住民に就職と教育の機会均等を完全に保障し、同和地区に滞留する停滞的過剰人口を近代的な主要産業の生産過程に導入することにより生活の安定と地位の向上をはかることが、同和問題解決の中心的課題である」という、同和問題解決の中心的課題をこういうかたちで設定した、明確に位置づけた、ということです。

(三) 同対審答申の第四、第五の意義

答申の意義の第四ですが、「政府においては、本答申の精神を尊重し、有効適切な施策を実施して、問題を抜本的に解決し、恥ずべき社会悪を払拭して、あるべからざる差別の長き歴史の終止符が一日もすみやかに実現されるよう万全の処置がとられることを要望し期待するものである」と、こういうかたちで、一刻も早くこの問題を解決しなければいけない、そのための施策を国は講じなければいけないと国に対して要望したという点が、意義の第四です。

意義の第五は、「同和対策は、生活環境の改善、社会福祉の充実、産業職業の安定、教育文化の向上及び基本的人権の擁護等を内容とする総合対策でなければならないのである」としたうえで、「環境改善に関する対策」、

「同和対策審議会答申」

2. 法の下の平等の問題

(1) 人類普遍の原理である人間の自由と平等に関する問題

(2) 日本国憲法によって保障された基本的人権にかかわる問題

3. 生活の安定と地位の向上

(1) 就職と教育の機会均等の完全保障

(2) 主要産業の生産過程への参入促進

4. 恥ずべき社会悪の払拭

(1) 差別の長き歴史に終止符をうつための施策を講じる

5. 人権擁護を基本とする総合対策の実施

(1) 環境改善、社会福祉、産業職業、教育問題、人権問題に関する対策について、基本方針、具体的方策を明記

「社会福祉に関する対策」、「産業職業に関する対策」、「教育問題に関する対策」、「人権問題に関する対策」について、それぞれ「基本的方針」及び「具体的方策」などを明記したという点で、対策は総合的なものでなければいけないとしたうえで、それぞれの個別対策について、基本的方針と具体的方策を明らかにしました。これが答申の第五の意義になるかと思います。

このうち、「人権問題に関する対策」に関する「基本方針」では、「国家や公共団体が差別的な法令を制定し、あるいは差別的な行政措置をとった場合には、憲法一四条違反として直ちに無効とされるであろう。しかし、私人については差別的行為があっても、労働基準法や、その他の労働関係法のように特別の規定のある場合を除いては、『差別』それ自体を直接規制することができない。『差別事象』に対する法的規制が不十分であるため、『差別』の実態およびそれが被差別者に与える影響についての一般の認識も稀薄となり、『差別』それ自体が重大な社会悪であることを看過する結果になっている」という現状認識に基づいて、「人権擁護制度組織の確立（必要な職員と予算の確保）」、「人権擁護委員への適任者の選任及び必要な実弁の確保等」、「同和問題に対する理解の認識と充実」、「差別意識を根絶するための啓蒙活動について自覚と熱意」、こういうことが、人権問題の対策に関する基本方針で掲げられています。

（四）具体的方策

そして、この基本方針を受けて、具体的方策というのが提示されています。「差別事件の実態をまず把握し、差別がゆるしがたい社会悪であることを明らかにすること」が、一点目であります。

二点目は、「差別に対する法的規制、差別から保護するための必要な立法措置を講じ、司法的に救済する道を拡大すること」です。

三点目は、「人権擁護機関の活動を促進するため、根本的には人権擁護機関の位置、組織、構成、人権擁護委員に関する事項等、国家として研究考慮し、新たに機構の再編をなすこと。現在の機関としても、次の対策を急がなければならない」としていることです。

人権擁護機関の抜本的な改善を図ることと、当面の対策として必要な改善を図るこ

「同和対策審議会答申」

人権問題に関する対策

・私人については差別的行為があっても、労働基準法や、その他の労働関係法のように特別の規定のある場合を除いては、『差別』それ自体を直接規制することができない。

・法的規制が不十分であるため、『差別』それ自体が重大な社会悪であることを看過する結果になっている。

1. 差別事件の実態を把握し、許し難い社会悪であることを明らかにする。
2. 差別に対する法的規制、差別から保護するための必要な立法措置を講じ、司法的に救済する道を拡大する。
3. 人権擁護機関の抜本的な改善を図る

と、というのが掲げられています。

つぎに、当面の対策としては、次の五点が示されています。

① 担当職員の大幅な増加を図り、重点的な配置を行なう。

② 委員委嘱制度を改正し、真にその職務にふさわしい者が選出されるようにし、またその配置を重点的に行なう。

③ 人権相談を活発にし、かつ実態調査につとめ、これらを通じて地区との接触をはかりその結果を担当職員および委員に周知せしめる措置をとる。その他、つねに同和問題についての認識と差別事件の正しい解決についての熱意を養成するため研修、講習の強化に努力する。

④ 事件の調査にあたっては、地区周辺の住民に対する啓発啓蒙をあわせて行ない、不断にこれをつづける。

⑤ 以上の諸施策を行なうための十分な予算を確保、保障する。

(五) 新たな立法措置の必要性

答申は、新たな立法措置の必要性にも言及しています。この新たな立法措置の一つは、「同和対策事業に関わる特別措置法」を制定するということです。同和行政の結語の中で、

「次の各項目についてすみやかに検討を行い、その実現をはかることが、今後の同和対策の要諦である」と指摘したうえで、項目のトップに、「現行法規のうち同和対策に直接関係する法律は多数にのぼるが、これら法律に基づいて実施される行政施策はいずれも多分に一般行政施策として運用され、事実上同和地区に関する対策は枠外におかれている状態である。これを改善し、明確な同和対策の目標の下に関係制度の運用上の配慮と特別の措置を規定する内容を有する『特別措置法』を制定する」とまとめています。

法整備の課題の二点目は、組織法の制定ということです。「政府の施策の統一性を保持し、より積極的にその進展をはかるため、従前の同和問題閣僚懇談会をさらに充実するとともに施策の計画の策定およびその円滑な実施などにつき協議する」、そういう『『同和対策推進協議会』のごとき組織を国に設置する」、そのために法律をつくって、その根拠法をつくる。「根拠法を定めるような法律をつくれ」と、答申は言っているのです。

法整備の三点目として、「差別に対する法的規制（差別禁止法）」それから、「差別から保護するための必要な立法措置を講じ司法的に救済する（人権侵害救済法）」、こういうものをつくれと言っています。これらの答申が謳っている特別法整備のうち、特別措置法については皆さん方もよくご承知のように、一九六九年七月一〇日に同和対策特別措置法というものが制定されて、公布・施行されています。「この法律は、すべての国民に基本的人権の享有を保障する日本国憲法の理念にのっとり、歴史的社会的理由により生活環境等の安全向上が阻害されている地域について国及び地方公共団体が協力して行う同和対策事業の目標を明らかにするとともに、この目標を達成するために必要な特別の措置を講ずることにより、対象地域における経済力の培養、住民生活の安定及び福祉の向上等に寄与することを目的とする」と、こういうふうに一条で謳っていました。そして、五条では「同和対策事業の目標は、対象地域における生活環境の改善、社会福祉の増進、産業の振興、職業の安定、教育の充実、人権擁護活動の強化等を図ることによって、対象地域の住民の社会的経済的地位の向上を不当にはばむ諸問題を解消することにある」と謳っています。

この特別措置法は一〇年間の時限立法というかたちで施行されましたけれども、三年間の延長と、その後、名称を変えるというようなことを繰り返したのち、二〇〇二年三月三一日に失効しました。国策としての同和対策事業は一応終了することになりましたけれども、自治体

「同和対策審議会答申」

生活の安定と地位の向上への対策

「同和対策事業に関わる特別措置法」の制定

(1) 必要な特別の措置を講ずることにより、対象地域における経済力の培養、住民生活の安定及び福祉の向上等に寄与することを目的とする。
(2) 対象地域の住民の社会的経済的地位の向上を不当にはばむ諸問題を解消することにある。

対象地域における生活環境の改善、社会福祉の増進、産業の振興、職業の安定、教育の充実、人権擁護活動の強化等を図る。

によっては地域の実状に応じて同和対策事業が現在も行われているところがあるようです。

特別措置法の実施によって、環境改善などハード面はある程度前進したけれども、教育の向上や仕事の保障、産業の振興といったソフト面では依然として課題が山積しています。最近の差別事件をみてみると、教育現場での差別事件とか、悪質で確信犯的な差別落書・差別投書、高度情報化時代を反映したインターネットを利用した差別扇動などが多発している現状があります。それとともに、教育・啓発のさらなる充実強化と同時に、悪質な差別に対しては法的に規制が考慮されなければなりません。このようなことから、部落問題の根本的解決を図ることを目的とした法律の制定の必要性がいっそう明確になってきていました。

(六) 当事者による「部落解放基本法(案)」制定の取り組み

このような、部落問題の根本的解決を図ることを目的とした法整備については、一九八五年の五月に「部落解放基本法(案)」というのが当事者の方たちから発表されており、その後、国に対してこの基本法制定に向けての働きかけが展開されてきました。

この基本法案は、大きくは次の六点にわたる部分からなっています。

一点目は、部落問題の根本的解決の重要性を明らかにする「宣言法的部分」です。「この法律は、部落差別が人間の尊厳を冒し、社会的に存在を許されないものであることにかんがみ、法の下の平等を定め、すべての国民に基本的人権の享有を保障する日本国憲法理念にのっとり、部落問題の根本的かつ速やかな解決を図るため、国、地方公共団体及び国民の責務を明らかにするとともに、その施策の目標及びその目標を達成するための基本となる事項を定め、もって差別のない民主社会の発展に寄与することを目的とする」というふうに、法案の一条でその目的が規定されています。

二点目は、人権意識の高揚を求める「教育・啓発法的部分」についてで、基本法案の大きな柱となっています。「国及び地方公共団体は、国民の部落問題に関する正しい認識を確

当事者による「部落解放基本法(案)」制定の取り組み

1985年5月～

①目的(宣言法的部分)

部落差別が人間の尊厳を冒し、社会的に存在を許されないものであることにかんがみ、法の下の平等を定め、すべての国民に基本的人権の享有を保障する日本国憲法理念にのっとり、部落問題の根本的かつ速やかな解決を図るため、国、地方公共団体及び国民の責務を明らかにするとともに、その施策の目標及びその目標を達成するための基本となる事項を定め、もって差別のない民主社会の発展に寄与すること。

②教育・啓発法的部分

国民の部落問題に関する正しい認識を確立するため、教育活動、文化活動、広報活動等を通じて、部落問題に関する知識の普及啓発及び人権思想の普及高揚に努めなければならない。

立するため、教育活動、文化活動、広報活動等を通じて、部落問題に関する知識の普及啓発及び人権思想の普及高揚に努めなければならない」と規定されています。

三点目は、悪質な差別を法的に禁止するとともに差別の被害者を、人権委員会を設置することによって効果的に救済することを求めるという「規制・救済法的部分」です。七条、八条がこれにあてられています。

四点目は、劣悪な部落の実態の改善を図るための事業実施を求める「事業法的部分」でして、九条で規定されています。

それから五点目は、「調査報告部分」でして、「政府は、五年ごとに同和地区の実態その他部落問題に関する実態を調査し、その結果を公表」しなきゃいけない。そして、「政府は、毎年、国会に部落問題を解決するために講じられた施策及び講ずべき施策に関する報告

当事者による「部落解放基本法(案)」制定の取り組み

③ 規制・救済法的部分

悪質な差別を法的に禁止するとともに差別の被害者を、人権委員会を設置することによって効果的に救済することを求める。

④ 事業法的部分

劣悪な部落の実態の改善を図るための事業実施を求める。

⑤ 調査報告部分

政府は、5年ごとに同和地区の実態その他部落問題に関する実態を調査し、その結果を公表しなければならない。

⑥ 組織法的部分

部落問題の解決を図るため国及び地方自治体での体制の設備と学識経験者の参画を得た審議会の設置。

書を提出」しなきゃいけない。こういうかたちで、一一条、一二条で謳っています。

そして第六点目は、部落問題の解決を図るため国及び地方自治体での体制の整備と学識経験者の参画を得た審議会の設置というものを求める「組織法的部分」です。必要な審議会等を設置するといったことを一〇条、一三条で謳っています。

以上のようなかたちで、部落解放基本法というものをつくろうと当事者の方たちが、鋭意、努力されてこられたところですが、なかなかそれが実現できなかった。そのようなことがあって、そのあと当事者の方々は、この部落解放基本法で謳っているこの六つの柱を「それぞれ個別的に実現していく」と、こういう積み重ね方式を採用して、実現に向けて努力されてきたわけです。

「事業法的部分」については、一九九六年に公表された「地域改善対策協議会意見具申」というものが出ています。「現行の特別対策の起源をもって一般対策へ移行するという基本姿勢に立つことは、同和問題の早期解決を目指す取組みの放棄を意味するものではない」、特別対策から一般対策へ移行するということは、何もしないということを意味するものではないと言い、「今後施策ニーズには、必要な各般の一般対策によって的確に対応していくところである」と、一般対策の中で必要な対策を講じていく、と謳っています。そして、「国及び地方自治体は一致協力して、残された課題の解決に向けて積極的に取り組んでいく必要がある」と、まとめています。また、「教育・啓発法的部分」については、一九九九年の人権擁護推進協議会答申「人権尊重の理念に関する国民相互の理解を深めるための教育及び啓発に関する施策の総合的な推進に関する基本的事項について」を受けて、二〇〇〇年一二月に「人権教育及び人権啓発の推進に関する法律」が制定され、基本法案の中の啓発的部分については実現されたということです。

問題は、「規制・救済法的部分」と「組織法的部分」ということになります。この「規制・救済法的部分」と「組織法的部分」の法制定というのを打ち出したのが、二〇〇一年五月の人権擁護推進審議会答申の「人権救済制度の在り方」という答申でした。この審議会答申を受けて、小泉内閣は二〇〇二年に「人権擁護法案」というのを閣議決定して、国会に提出しています。この人権擁護法案は、「人権侵害により発生し、又は発生するおそれのある被害の適正かつ迅速な救済及びその実効的な予防を図るため、新たに独立の行政委員会として人権委員会及びこれを担い手とする新しい人権救済制度を創設して、当該委員会の組織・権限及び

「部落解放基本法(案)」に対する国の対応

「事業法的部分」について

※「地域改善対策協議会意見具申」(1996)

「現行の特別対策の期限をもって一般対策へ移行するという基本姿勢に立つことは、同和問題の早期解決を目指す取組みの放棄を意味するものではない。」

「教育・啓発的部分」について

※「人権教育及び人権啓発の推進に関する法律」(2001)

救済の措置・手続その他必要な事項を定める」というふうに謳っています。そして、国家行政組織法第三条に基づく独立の「人権委員会」を設置する。それが人権救済や差別規制にあたるとともに、部落地名総鑑の作成といったような、差別を助長する行為についての「禁止規定」というのを置いています。しかしながらこの人権擁護法案は、報道機関による人権侵害についても、特別調査というものを定める特別救済手続きの対象としており、さらに人権委員会を法務省の外局としていたこともあり、報道の自由、取材の自由、人権委員会の独立性などに疑義があるなど、各界から疑問が提示されたということもあって、非常に残念ですが、衆議院解散により廃案となってしまいました。

その後、自民党政権から民主党政権に変わりましたが、「救済法的部分」及び「組織法的部分」を法律化する努力は続けられました。人権擁護法案は廃案になったのですが、やはりそれに代わるような法をつくる必要があるのではないかということで、野田内閣は今度は名称を変えまして、「人権委員会設置法案」というのを国会に提出しました。人権擁護法案のうち、批判が強かった部分についてはそれを除いて、その他の部分をまとめ修正したものを「人権委員会設置法案」という名称で国会に提出しています。

【修正した部分】

① 過料の制裁を伴う強制調査は設けないこと

② 訴訟参加・差止請求訴訟は規定しないこと

③　報道関係条項は設けないこと

④　人権擁護委員への外国人就任を不可にしたこと

しかしながら、この人権委員会設置法案も衆議院解散により審議未了で廃案になってしまいました。

その結果、その後は法律が全くない状態になります。憲法一四条はありますけれども、また、教育・啓発法はありますけれども、規制・救済的なものとしての法律は全くない状態が生じたということになりました。

そして昨年、ようやく「部落差別の解消の推進に関する法律」というのが、さまざまな方々の努力で、制定、施行されることになったという次第です。

当事者の取り組み

「規制・救済法的部分」
「組織法的部分」について
※「人権擁護法（案）」(2002)

「人権侵害により発生し、又は発生するおそれのある被害の適正かつ迅速な救済及びその実効的な予防を図るため、新たに独立の行政委員会として人権委員会及びこれを担い手とする新しい人権救済制度を創設して、当該委員会の組織・権限及び救済の措置・手続その他必要な事項を定める」

衆議院解散により二度にわたって廃案
（二度目は「人権委員会設置法案」として）

差別事象の顕現化

教育現場での差別事件、悪質で確信犯的な差別落書・差別投書、高度情報化時代を反映したインターネットを利用した差別扇動などが多発

二　部落差別解消推進法案の国会提出から可決成立までとその内容

（一）部落差別解消推進法の可決成立

この「部落差別の解消の推進に関する法律」の特徴は、内閣が国会に提出した閣法というかたちではなくて、与野党の議員の方々が提案するという議員立法というかたちをとったということです。その意味は何かというと、議員立法というかたちをとっているので、その法律の立法趣旨等は、その提案された議員の方々が国会で答弁されたことが立法趣旨になるということです。通常、内閣が提出した法律の場合は、内閣が国会で立法趣旨というのを説明しており、それがその後の法の運用にあたって参考にされるのですが、この法律は議員立法ということになっているので、提案された議員の方々の国会における説明が、その後の運用にあたっての参考になるということです。

議員立法ということの意味

※ 提案議員の国会での答弁が立法趣旨になる

- 「現在においても部落差別が存在している」
- 「インターネットという新たなツールが出てきたことで、部落差別に関する状況の変化も生じている」
- 「部落差別という用語は同和問題に関する差別を念頭に置いている」

※ 運用にあたっての基本的な考え方になる

衆議院法務委員会でも参議院法務委員会でも、可決に当たっては附帯決議が採択されました。衆議院法務委員会での附帯決議は、「政府は、本法に基づく部落差別の解消に関する施策について、世代間の理解の差や地域社会の実情を広く踏まえたものとなるよう留意するとともに、本法の目的である部落差別の解消の推進による部落差別のない社会の実現に向けて、適正かつ丁寧な運用に努めること」と記しています。参議院の法務委員会でも同様の附帯決議がなされています。

(二) 基本理念と責務、相談体制

この法律では、部落差別という概念が法律上はじめて用いられています。ただ、用いられていますが、「部落差別というのは、こうこうこういうことですよ」というような定義規定は置かれていません。基本理念を規定するのは二条で、「部落差別の解消に関する施策は、すべての国民が等しく基本的人権を享有するかけがえのない個人として尊重されるものであるとの理念にのっとり、部落差別を解消する必要性に対する国民一人一人の理解を深めるよう努めることにより、部落差別のない社会を実現することを旨として、行わなければならない」というふうに謳っています。明確に、部落差別のない社会を実現するということがこの法律の主旨であると言っているのです。法律が初めて、同和対策審議会答申の「部落差別のない社会を実現する」ということを目的として謳ったということです。

その次の三条では、「国及び地方公共団体の責務」を規定しています。「国は、前条の基本理念にのっとり、部落差別の解消に関する施策を講ずるとともに、地方公共団体が講ずる部落差別解消に関する施策を推進するために必要な情報の提供、指導及び助言を行う責務を有する」と、国の責任を謳っています。そして次に、地方公共団体の責務については、「地方公共団体は、前条の基本理念にのっとり、部落差別の解消に関し、国との適切な役割分担を踏まえて、国及び他の地方公共団体との連携を図りつつ、その地域の実情に応じた施策を講ずるよう努めるものとする」とされています。地方公共団体は、それぞれの地域の実情に応じて、そういう施策をするように努めることとされています。

四条が規定しているのは、「相談体制の充実」ということです。国は、「部落差別に関する相談に的確に応ずるための体制の充実を図るものとする」と規定し、地方公共団体も、「国との適切な役割分担を踏まえて、その地域の実情に応じ、部落差別に関する相談に的確に応ずるための体制の充実を図るよう努めるものとする」というかたちで、国及び地方公共団体について、今まで以上に相談体制の充実に努めなさいと言っているのです。

さらに五条が規定しているのは、「教育啓発」についてです。「国は、部落差別を解消するため、必要な教育及び啓発を行うものとする」、「地方公共団体は、国との適切な役割分担を踏まえて、その地域の実情に応じ、部落差別を解消するため、必要な教育及び啓発を行うよう努めるものとする」と、このように五条で規定しています。この法律の新しい部分と言いましょうか、特筆されるのは六条です。「部落差別の実態に係る調査」ということについて規定していることです。「国は、部落差別の解消に関する施策の実施に資するため、地方公共団体の協力を得て、部落差別の実態に係る調査を行うものとする」というように定めています。

(三)「部落解放基本法」と「部落差別解消推進法」の違い

いまご紹介しましたように、この法律が明文で掲げている部落差別解消のための措置というのは、三つの部分からなっています。一番目は、「相談体制の充実」、二番目は、「教育・啓発の充実」、そして三番目が、「部落差別の実態に係る調査」を行うという部分です。「部落差別」の定義規定がおかれなかったということとも関連しますが、「規制・救済法的部分」や「組織法的部分」に係る明文規定というのはありません。附則では、「この法律では公布の日から施行する」とされています。この部落差別解消推進法と、先ほどご紹介した部落解放基本法とを比較すると、次のようになるかと思います。

一点目は、共通するといえる部分についてです。今回の部落差別解消推進法は、部落差別の解消を目的とした法律であり、相談の充実や教育・啓発の推進、部落差別に関する実態調査の実施を定めています。このことについては、部落差別解消推進法と部落解放基本法とでは同じだといえます。

二点目は、いくつかの異なる点についてです。部落差別解消推進法では、「国民の責務」に関する条文は置かれておりません。「国民の理解をうながすように国と自治体が努めなさい」と、間接的な規定になっています。「施策の目的」「部落差別の規制等」「被害者に対する救済制度」「同和対策事業」「行政組織の整備」「報告」に関する条文については、基本法では書かれていましたが、この部落差別解消推進法では、積み残された課題となっています。それから、「部落解放対策審議会を設ける」という規定も基本法案には書かれていましたが、今回の部落差別解消推進法には書かれていません。そういう意味では、今回の部落差別解消推進法というのは、「部落解放基本法の内容を部分的に含んだ理念法である」という位置づけができるのではないかと思います。

三　法の趣旨ないし法で用いられた用語等についての提案者答弁

（一）国会での提案者答弁に見る部落問題の理解

次に、国会での提案者の答弁、いわゆる立法趣旨に関する説明です。部落問題の理解に関して、提案者は次のように答弁しています。「生活環境の改善はとりあえずの区切りはついたであろうけれども、結婚あるいは就職についていろいろの、いわゆる人権侵害をこうむっておられる、あるいは落書きをされ、あるいはインターネットの書き込みをされ、そういう実態がある…」、「今法案の流れについては、まず出発点としては、現在もなお部落差別が存在するとともに、情報化の進展に伴って部落差別に関する状況の変化が生じている」というふうに現状を分析しています。さらにこの法律をつくった背景として、「現在においても部落差別が存在している」、「インターネットというような新たなツールが出てきたということで、この部落差別に関する状況の変化も生じている」、こういった問題に的確に対応するという目的で法律をつくったと説明されています。

　この法案の審議において、特別措置が終了して一般措置になったということについてもいろいろと議論が交わされています。法務委員会に出席した総務省の大臣官房審議官という方からは、「特別対策を終了して一般対策に移行した理由」として、三つの点が挙げられています。一点目は、「特別対策というのは本来時限的なものなんだ」ということ。それから二点目として、「特別対策をなお続けていくことは差別解消に必ずしも有効ではない」と、こういう問題があること。三点目として、人口移動が激しい状況の中で、「同和地区、同和関係者に対象を限定した施策を続けることは実務上困難である」と、こういうことが理由として挙げられています。

　ただ、注意しなければいけないのは、地域改善対策協議会の意見具申の中で、「特別対策から一般対策に移行するということは、対策はしなくていいということを意味するわけではないんだ」とされていることです。特別対策というかたちでやるのではなく、一般対策への移行という中で対策を講じていくことが大切なんだと、こういうことが謳われているということです。この政府委員の説明については、そういう事実をふまえて理解する必要があると思います。

(二)「部落差別」という用語について

次に国会で議論されたのは、「部落差別」という用語が用いられたことに関してでした。法務省や総務省に対して議員の方から、「こういう『部落差別』という用語をこれまで用いてきましたか」とか、「法律のほうで用いてきましたか」とか、こういう質問が出されています。法務副大臣のほうから、あるいは総務省の政府委員の方々からも『部落差別』という言葉を法務省関係の法律で用いてきたことはありません」とか、「総務省関係の法律で用いてきたことはありません」と、こういう答弁がなされています。これを踏まえて、提案者の方から、「部落差別」という用語を用いた理由が次のように説明されています。

「同和の話と部落差別の話というのは少し経緯があると思うんです。まず、同和対策特別措置法でもって、社会的な身分云々でいろいろな部落が今まであったわけですね。それについて、この特別措置法の適用対象になりたい部落は手を挙げてくださいと。手を挙げたところがこの同和対策のいわゆる対象地域になったわけです。その意味では、同和という言い方でもって、いわゆる部落差別を少しマイルドにしたという意味があったのではないかというふうに思います」と、こう説明されています。「私たちは、今回は、この部落差別というものの現実を直視する、そして、その直視する中で、まだ今、生活環境の改善はとりあえずの区切りはついたであろうけれども、結婚あるいは就職についていろいろの、いわゆる人権侵害をこうむっておられる、あるいは落書きをされ、あるいはインターネットの書き込みをされ、そういう実態がある中で、私たちは、それを何とか解決に持っていきたい、あるいは解消に持っていきたいというふうに願った次第です」という言い方で、提案者として、その実態にふさわしいということで「部落差別」という言葉をこの法律で使っていると答弁しています。

つまり、「部落差別のない社会を実現することをこの法案は目的として」おり、「そういう趣旨から、同和問題ではなくて部落差別という用語を用いて立法化している」ということであって、「今回は部落差別の解消というところにストレートに焦点を当てて、これが必要である」ということで法案を提出していると提案者は説明しています。

ちなみに、盛山法務副大臣からは、この法務委員会で、同和問題というこれまで使ってきた言葉について、部落差別というこの法律がつかった言葉との関係について、次のような説明がなされています。「同和問題という言葉は、日本社会の歴史的過程でかたちづくられた身分差別によりまして、日本国民の一部の人々が、長い間、経済的、社会的、文化的に低い状態に置かれることを強いられ、日常生活の上で差別を受けるなどして、我が国固有の人権問題を指して用いられていると承知しています。私どもの担当者からは、本法案における部落差別という用語は同和問題に関する差別を念頭に置いているものと理解できる、そういう旨の報告を受けているところでございます」と説明しています。これまで同和問題という用語を使ってきたこともあって、この法律がつかっている「部落差別」という用語は、「同和問題に関する差別を念頭に置かなければならない。こういうふうに理解しています」と、答弁しているんです。

(三)「部落差別」の定義規定をしなかった理由

次に問題になりましたのは、「部落差別」という言葉を用いたのに、「その定義規定が置かれなかったのはどうしてか」ということです。提案者の方からは、こう説明されています。「定義をおかずとも、これは一般的に国民が理解しているものだというふうに思っています」、「この法案では定義は置きませんけれども、一般的には、その方が部落の出身であるということを理由として差別を受けるということと考えています」、「この部落という言葉の定義につきましては、一般的には、身分的、社会的に強い差別待遇を受けてきた方々が集団的に住む地域とも解されているところでもあろうと、こういうふうに思っています」

と説明されています。

部落差別の定義規定がおかれなかったのは、これまでのさまざまな経緯の中で、部落差別ということについては十分に共通理解ができている。この法律は共通の理解に基づいてつくられていると、こういうふうに説明されています。

それから、この法律が念頭に置いている部落差別の中心は、心理的な差別だとされています。冒頭で説明しましたように、同対審答申は、心理的な差別と実態的な差別が相互に影響しあって、複合的に悪循環をつくっているというふうに説明していましたが、この法律の提案者の方々は、心理的な差別ということを特に意識しています。「インターネットにもあらわれてくるように、地域に限定されません。あるいは、これから新しいかたちで出てくるように私には見受けられます。そういう意味では、得体の知れない部分があるわけですね。そのことをあえて定義という格好で限定するということは、心理的な側面を持った今の差別に対して果たして適切なのかどうかというところから、私はむしろ、部落の出身者であることをもって差別される、そういう一般的な理解でもってよしとするふうに考えた次第です」と言っています。これはどういうことかと言いますと、仮に定義してしまうと、新しいかたちで出てくる差別に対応できなくなってしまう。まだまだ被害実態について十分に把握していない部分がある、そういう把握していない部分について、定義規定を置いてしまうと、必要な対策を講じることができなくなってしまうということです。そういう意味で、定義規定を置かなかった。実態が明らかになればそれも差別だということで、必要な施策を講じる必要が生じてくる。だから、こういうかたちにした方がいいのではないか。新しい側面についていえば、心理的差別についてはインターネットということが出てきて、まだまだ十分に把握しきれていないような、そういう差別被害があるじゃないか、そこに対して必要な施策を講じるためには、対策の幅を限定し対応できなくしてしまうような定義規定は置かないほうがむしろいいんじゃないかと、こういうふうに説明されているのです。

ヘイトスピーチについては、一定程度定義規定がおかれていますけれども、この法律についてはそういう趣旨から、ヘイトスピーチ解消法とは違って定義規定を置かなかった、と説明されているということです。

「部落差別解消推進法」

「部落差別」の定義規程をしなかった理由

【提案議員の説明】

・「これは一般的に国民が理解しているものだというふうに思っています。」
・「一般的には、その方が部落の出身であるということを理由として差別を受けるということと考えています。」
・「インターネットにもあらわれてくるように、地域に限定されません。あるいは、これから新しい形で出てくるように私には見受けられます。」

※　被害実態について十分に把握していない部分がある、そういう把握していない部分について、定義規定を置いてしまうと、必要な対策を講じることができなくなってしまう。

四　部落差別解消推進法の意義

（一）「理念法」ということについて

次に、理念法ということについてですが、「この法案では、今回、理念法というかたちにとどめましたということにしています。したがって、財政の援助あるいは処罰というのは一切外しています。人権擁護法案とか、人権委員会設置法案とは少し違います」としたうえで、「相談体制を充実する、教育・啓発を充実する、実態に関する調査を行う」、この三点を、この法律の三本柱とすると説明されています。これまでの生活環境の改善などのために行われた事業について定めた同和対策三法とは、その点において違いがあるとの説明です。

それから、過去の教訓を生かした運用というのも必要になると国会では説明されています。取り上げられたのは、実態に係る調査についてです。「調査に関しては、これまで自治体がやったことに比べて国がやったものは非常に少ない。五年に一度内閣府でもって行われている『人権に関する世論調査』と極めて限られている。そういうことを念頭に置きながら、実態に係る調査をきちんとやりなさい。そして、まだまだ可視化できていない部分を可視化して、それに対する必要な対策を講じるようにしなさい。そういう仕掛けになっているんです」と、そういう説明がなされています。もちろんこの実態調査の過程で新たな差別を生むことは絶対にあってはいけないということで、法務省などが実態調査を行う場合、あるいは自治体が行う場合には、そういうことに十分注意したうえで調査していただきたい、というのが附帯決議ということです。

もうひとつこの国会での答弁で注目されるのは、現在法務省が行っている人権審判事件調査処理規定に基づく救済手続き、これと、今回新たにこの法律で規定した実態に係る調査というのとは全く違うものだということです。この「人権審判事件調査処理規定に基づく救済手続きをしたからといって、調査をしたことにはなりませんよ」というふうに答弁をしていることとです。また、「差別を固定化、永久化しないか」というような質問が提案者に対してなされたわけですが、これに対しては、「部落差別というのは、現実に存在している。存在しているということを認めたうえで、そういった必要な施策、政策をしていくことが必要」で、そして、「そのためには根拠法が必要です。だからこの法律を提案したんですよ」と、こういうふうに説明されています。

それから、「勘違い」ということについても、提案者の方から説明されています。どういうことかといいますと、生活環境の改善を目指した同和対策の例の三法、この三法が終わった時点で、地方公共団体の方々の中には、「ああ、もうこれで、同和の方の相談を受けてももうできないんだな」というように、ある意味で勘違いをしている方が相当おられる。しかし、それは、部落差別解消という観点からもおかしい。相談を受けたら、必要な相談に応じるということはあたりまえのことです。「生活環境の改善というのは治ったけれども、実際にその根っこというものは残っているんじゃないか」こういうふうに考えて、この法律を出したわけです。生活環境が一定程度改善されたからといって、問題が終わったというふうに誤解している方、勘違いしている方がいるかもしれない。「それは勘違いですよ」と、はっきりとこの法律は言っているということを提案者は説明しています。

(二) 部落差別の存在の認知

次は、部落差別解消推進法の意義についてです。今回の部落差別解消推進法は、定義規定がおかれていないとか、禁止規定がおかれていないというような点もありますが、ヘイトスピーチ対策法、ヘイトスピーチ解消法と比べて見てみますと、「定義」規定を除いて、法律の枠組

「部落差別解消推進法」

「理念法」という仕掛け

【提案議員の説明】

・「理念法というかたちにとどめました。したがって、財政の援助あるいは処罰というのは一切外しています。」
・「実態に係る調査をきちんとやりなさい。そして、可視化できていない部分を可視化して、それに対する必要な対策を講じるようにしなさい。そういう仕掛けになっているんです。」

※　部落差別というのは、現実に存在している。存在しているということを認めたうえで必要な施策・政策をしていくことが求められる。そのためには根拠となる法律が必要。

みというのは基本的に同じになっています。

さて、部落差別解消推進法の意義についてですが、次に述べるようにいくつかの指摘があります。

一点目は、先ほどから説明していますように、法律で初めて「部落差別」という名称を用いたことです。そして、この部落差別のない社会を実現することが必要なんだと、こういうことを明確に打ち出したことです。ただ、定義規定がおかれなかったというようなことから、国や自治体などにおいては、今後も「同和問題」「同和地区」「同和関係住民」「同和対策」「地域改善対策」などの用語を直ちに「部落差別」「部落問題」「部落解放のための行政施策」などの用語に切り替えることにはならないのではないかと想像されますが、「本法案における部落差別という用語は同和問題に関する差別を念頭に置いているものと理解できる、そういう旨の報告を受けている」と、法務副大臣が説明していることに注意して運用していくことが求められます。

二点目についてですが、憲法一四条はありますが、「法的な面においての部落差別に係る法律が全くなかったという法的な悪循環が、この法律が制定されたことで解消された」ということが二点目の意義であると思います。従来あった特別措置法と違い、この部落差別解消推進法は、時限立法ではないということです。つまり、部落差別のない社会が実現されるまではこの法律は居つづけるということです。ない状態をつくるまでは、国・地方自治体はこの法律の定める措置を講じ続けなければいけない。こういうふうになっているということです。

三点目としては、これまでも説明してきましたが、部落差別が現に存在していることを認知したということです。ややもすれば、過去の問題だという意見も一部にはありましたが、この法律は明確に「現在も部落差別というのは客観的現実として存在している」と、そして、「観念の亡霊ではなく現実の社会に実在する」と、こういうふうに謳っていることです。それが前提になって、この法律は制定されているということです。「特措法の失効後、部落差別の現実に対する無視や軽視、認識不足といったことが広がりかけた」ということがありましたので、そういうことに対して、この法律が明確にNOだと言っているということです。水掛け論の議論に終止符を打ったと言っていいでしょう。

法律というのは、立場が違う方々に「共通

「部落差別解消推進法」の意義

（1） 部落差別の存在の認知

・ 現在も部落差別というのは客観的現実として存在している
・ 部落差別という用語は同和問題に関する差別を念頭に置いている
・ 部落差別に係る法律が全くなかったという法的な悪循環が、この法律が制定されたことで解消された

（2） 共通の尺度の提供

・ 考え方は違っていても「法律には同様に従う」ということが求められる。

の尺度を提供する」という重要な役割があります。AさんもBさんもCさんも、考え方は違っていても「法律には同様に従う」ということが求められるわけです。現実に部落差別は存在しているんだ。それに対して、なくすようにしていかなければいけないんだと。こういう共通の尺度というものを提供し、明確に水掛け論に終止符を打ったということは、極めて大きなことです。部落差別のない社会の実現を法律で明記した、なくすまで国・自治体は施策を講じていかなきゃいけない、努力していかなきゃいけないというふうに謳ったということは、非常に大きなことだと思います。

五　法の活用

（一）相談体制の充実と担当者の研修の重要性

国と自治体については、若干書きぶりが違っています。国については義務規定、自治体については努めるようにしなさいという努力規定になっています。それから、相談体制の充実ということの意義といいますか、この相談体制の充実というところで、注意しなきゃいけないと思うところは、相談業務に従事する人には、この法律が前提としている現実に部落差別は存在するという共通の尺度に立って、相談に応じていくことが求められるということです。さらには、情報化の進展に伴って部落差別に関する状況の変化が生じていることを踏まえ、個人的な見解に基づいて相談業務に従事するということは、基本的な人権の享有を保証する憲法の理念にも反しているという認識を持つことも重要な点として抑えておく必要があります。そういう意味では、相談業務に従事する方に対しては、やはりこの法律ができたということで、この法律の趣旨等について研修し、理解を十分に持っていただくということが必要になってきます。

この相談に関わって、有識者からは特に次のような提案がなされています。「相談窓口へのアクセスやバッシングを恐れたり躊躇したり、断念したりするケースも少なくない。アクセスする方は、氷山の一角に過ぎない。水面下にはたくさんの声なき声が存在している。声なき声をどのようにして拾っていくのかというのが、相談体制の充実に当たって最大の課題となる。そのためには、例えば隣保館に、人権相談員といった仮称ではありますが、そういった方を配置する。そういうかたちで、声なき声を拾っていくというようなことが必要ではないか」という提案です。ただ、この法律が謳っている相談の充実というのは、新たな調査、相談、救済という制度を設けていませんので、現在の調査、相談、救済こういう枠組みを使ったうえでの相談体制の充実というふうになっているということです。

現在の法務省などが行っている調査、相談、救済という制度は、あくまでも任意というかたちでなされています。その対象者の方々の同意というかたちをとってやっているというのが実情です。調査についての人権擁護法案とか、人権委員会設置法案などのように強い内容が示されたような方向性を、この法律では出しておりません。そういう意味で、任意の調査、相談、救済と、こういう前提の上での相談体制の充実ということになるということです。この任意の相談ということをいかに充実させていくか、いかに実効性あるものにしていくかということが、今後の運用にあたって検討すべき課題としてあります。実効性のある相談、救済に結びつくような相談をしていくということが求められます。

現在、法務省は、人権侵犯事件調査処理規定というのをおいています。これに基づいて、任意の調査をしているというところです。人権擁護法案では、任意の調査だけでは限界があるということで、特別調査という強制力のある調査ということを打ち出していますが、現

「部落差別解消推進法」

相談体制の充実と担当者の研修の重要性

「相談窓口へのアクセスやバッシングを恐れたり躊躇したり、断念したりするケースも少なくない。アクセスする方は、氷山の一角に過ぎない。」

- 現実に部落差別は存在するという共通の尺度に立って、相談に応じていくこと。
- 情報化の進展に伴って部落差別に関する状況の変化が生じていることを踏まえ、個人的な見解に基づいて相談業務に従事するということは、基本的な人権の享有を保証する憲法の理念にも反しているという認識を持つ。

在までのところ実現されていません。人権侵害事件調査処理規定は、援助、調整、要請、説示、勧告、通告、告発とこういう制度を定めていますが、新たなものはこの法律では規定されていませんので、こういった既存のツールを、どう有効に使って対応していくのかということが課題かと思います。

(二) 部落問題に関する教育・啓発の実施

次に、教育・啓発の実施ということについてです。

特別措置がなくなったあと、ややもすれば寝た子を起こすな論とか、自然に差別はなくなるとか、同和地区の人々が分散して住むようになれば自然に差別はなくなるというような分散論とかが出てきました。今回、教育・啓発の充実ということが明確に謳われているということは、寝た子を起こすな論や、分散論に対してはきちんとそういうことではありませんよ、そういうかたちではダメですよ、ということでの教育・啓発の推進が求められているということです。

この法律が言っている教育・啓発というのは、同和地区の有

「部落差別解消推進法」

部落問題に関する教育・啓発の実施

① 寝た子を起こすな論や分散論に対しての明確な否定。

② 同和地区の有無にかかわらず、すべての自治体に対して 教育・啓発の実施を求めている。

無にかかわらず、すべての自治体に対してこの教育・啓発の実施を求めているということです。わたくしどもの自治体にはそういう地域ありませんので、というような弁解は許されない。すべての人たちに対して必要な教育・啓発を実施するということをこの法律では求められている、ということです。自治体からは、いろんな指摘があります。

例えば、三重県の四日市市というところがありまして、平成一九年に「今後の同和行政のあり方について」というような答申を出しています。この答申によりますと、小学校、中学校というような義務教育の段階では、ある程度教育・啓発がなされている。しかしながら、高校とか大学といったところになるとあまりなされていない。

その結果、せっかく小学校、中学校でやった成果が高等学校、大学で後退し、そのまま社会

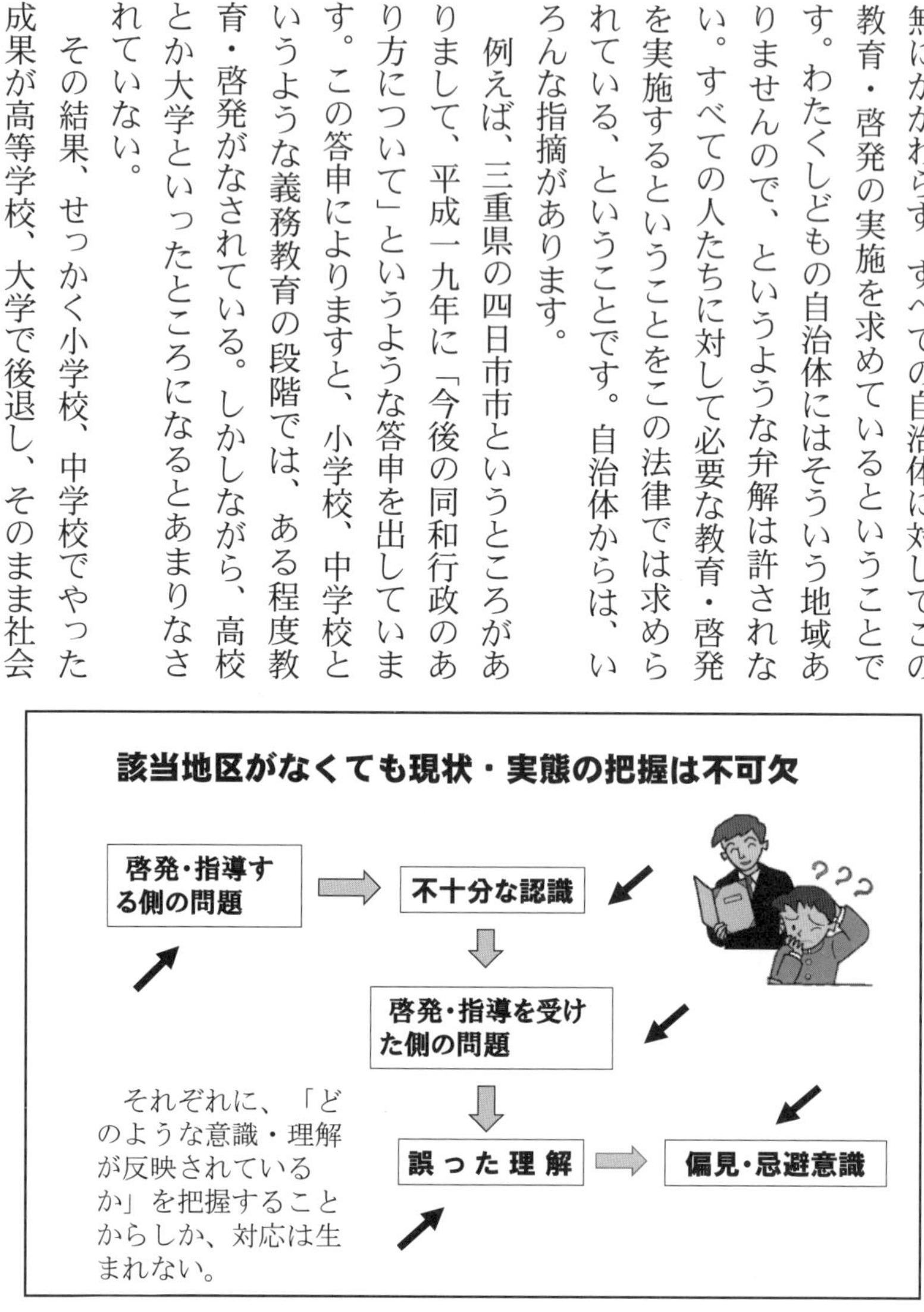

に出て行く。そして、社会でも企業はそういう教育・啓発に十分に取り組んでいない、という問題がある。そういう意味では、高等学校、大学、そして企業での教育・啓発ということをもっと強化していく必要があるのではないか。こういう提言を三重県の四日市市がしているということです。

(三) 積み残された部分を埋めるもの

各地の自治体などが、実態をふまえて、先取り的にいろんな提言をすでにしています。何度も言うようですが、この法律の内容で特筆すべきところは、実態に係る調査の実施ということです。定義規定はおかれていませんが、実態に係る調査を実施することによって、浮かび上がってきた実態を含めて部落差別というものを定義する、内容を理解する、こういう仕掛けになっているということです。

つまり、実態に係る調査の実施ということと、規定されていない部落差別の定義のその部分を埋めるということとは、一体になっているということです。

調査を実施することによって実態を把握し、「こういう実態があるんですよ」と、それを教育・啓発に生かしていく。あるいは、「こういう実態を背景として相談に来られているんだ」という意識で相談に応じる。そういうかたちで、相談の充実、教育・啓発の充実というのを、実態に係る調査を下支えにして取り組んでいく。そういう構造になっているということです。

もう一つ、この法律は、組織法的部分とか、規制・救済法的部分というのは積み残されていますけれども、この積み残された課題を実現していく上で、この実態に係る調査の実施ということが、非常に大きな役割を果たす。こういう仕掛けになっているということです。実態に係る調査を実施して、今まで可視化できていなかったような、把握できていなかったようなそういう実態を浮かび上がらせ、それを新たな立法事実として法的整備を図ろう、図ってください、あるいは、必要な組織・機関をつくってください、新しい相談体制、新しい救済体制・救済法をつくってください、ということです。新しい制度を求める、必要な立法を求める、そういうことの原動力になるものが、実態に係る調査の実施だというふうになっている、ということです。

今回は実現できていませんが、この実態に係る調査を実施することによって次のステップというのを実現していく。そういう仕掛けになっているということです。この法を活かしていくためには、この法がこういう趣旨のもとで、こういう仕掛けのもとで、ごくごく簡単な法律ですけれども、実はその背景にはこんな意味が込められているんですよということを多くの方々、多くの自治体の方々に知ってもらうということが、何よりもこの法の活用につながっていくのです。したがって、この法についてさまざまに研究会をしていただく、勉強会をしていただく、そういう取り組みをつくっていくことが必要ではないかと思います。

(四)「基本方針・基本計画」の策定にむけた審議会の設置を求める

国に対しては義務規定を定めており、地方自治体に対しては努力規定になっています。法では、所管官庁について特に規定はしていません。相談、救済、教育・啓発ということは謳っていますが、相談のところはどこがやる、教育のところはどこがやる、啓発のところはどこがやるということは特に謳っていません。従来の慣行により、おそらく相談は法務省、教育は文科省、啓発は法務省というようなことになるかと思いますが、ヘイトスピーチについては各省庁、それから自治体の方も参加した横断的な専門部会というのが設けられています。この部落差別解消推進法についても、各省庁、そして自治体の方が参加した横断的な政府専門部会を設置して、縦横の連携を図りながら、この法に基づく施策を講じていくということが必要になると思っています。

また、この法律では審議会の設置というものが設けられていませんが、やはり審議会の設置というようなことも、課題になってくるのではないかと思います。この法律を今後どのように運用してくか、それぞれのところでこういうのを担当していきます、という基本方針・基本計画を策定する、そのために、そういう役割を担う審議会をつくっていくということが、今後の課題になると思います。

それから教育・啓発についても基本方針・基本計画を策定する、ないしは従来の基本方針・基本計画を見直していくということも必要ではないかと思います。先程の話の中の高校生や大学生に対して、どういう方針のもとでどういう教育を実施していくかということについても基本方針・基本計画のなかで十分に練ってもらうことが必要になってくると思います。

地方公共団体は努力義務ということになっていますが、これについては地方分権一括法という法律がありまして、「国が制定する法律で地方公共団体を義務付けることはできない」ため、努力義務規定になっているということです。

部落差別の解消にあたっては、国以上に地方公共団体の方々が果たす役割が大きいので、努力義務規定だからといって、取り組みが後退していってよいはずがなく、地方自治体においては、関係

「部落差別解消推進法」の運用課題

(1)「基本方針・基本計画」の策定にむけた審議会等の設置

・新たな立法事実として法的整備を図る
・必要な組織・機関をつくる
・新しい相談体制、新しい救済体制・救済法をつくる

※ 組織法的部分、規制・救済法的部分について実態に係る調査を実施して部落差別の可視化を図る。

部局における横断的な連携体制の構築、審議会の設置、法の目的を速やかに実現するための基本方針・基本計画の策定、これまでやってきた教育・啓発に関する基本方針・基本計画の見直しなど、地方の実情に応じた取り組みを行っていただきたいと思います。

(五) 当事者参加の原則と行政の主体性・自立性・公平性の確保

二一世紀の人権では、当事者主権ということが大きなポイントになっています。
二一世紀の人権というのは、「当事者による当事者のための当事者の人権」ということが謳われています。日本でも、例えばハンセン病基本法のように、当事者主権、当事者参加を明確に謳った規定が設けられているものもあります。今回の部落差別解消推進法は、当事者主権とか当事者参加についての明文規定は置かれていませんが、明らかに当事者参加、当事者主権ということを前提としているような内容規定になっており、当事者との協議の場を設けるなどの対応が求められていくことになろうかと思います。相談体制の充実、教育・啓発の充実、実態に係る調査について、当事者参加、当事者主権を実現していくということです。

このようなことは国レベルだけの問題ではなく、よりフレキシブルな地方自治体レベルでの施策などでもそういうことが求められるようになるのではないでしょうか。そして、そのために必要な意見交換の場を常設するなど、そういった当事者の声を反映させる仕組みが今後求められていくのではないかと思います。さらに、そのために、今以上に行政の主体性、自立性、公正性を確保するということが課題になってきます。当事者の参加ということと、行政の主体性、自立性、公正性を確保するということとを、車の両輪として取り組んでいく必要があるということです。

当事者団体の方からすれば、この法律の制定を踏まえて確認しておかなければならないことも多々あり、法務省をはじめとした各省庁並びに当該自治体に対して、次のような内容について明らかにするよう回答を求めています。

① この法律を基本的にどのように受け止めたか。
② 相談体制の充実、教育・啓発の推進に関してどのような方向性を考えているか。
③ 今日、どのような部落差別の実態があると認識しているか。

つまりは、この法律を「基本的にどのように受け止めたのか」ということをきちんと示してほしいということです。部落差別の存在を認め、相談体制の充実、教育・啓発の推進、実態調査の必要性などに関して、どのような認識を持ち、どのような方向性を考えているかということを明確にしてほしいということです。各省庁は、「今日、どのような部落差別の実態があると認識しているか、これについて各省庁でどのような意見を持っているか、どのようなことを思っているかを示してもらい、それを前提にしたうえで協議していきたい」と、こういうことを求められているわけです。このことは重要で、そういう協議がなされるべきだと考えられるわけですが、そういう協議の場を常設するということと、行政の主体性・中立性・公正性をどう確保するかということが、重要であるわけです。

部落解放運動に対する提言委員会がまとめた「部落解放運動への提言～一連の不祥事の分析と部落解放運動の再生にむけて～」というのが二〇〇七年に出されています。

そのなかで、「過去の不祥事にさかのぼって検証しても、その背景には行政と運動団体幹部の一部との癒着がある。ここには、真に人間解放をめざす同和行政というよりは、運動団体対策であり、団体幹部対策にすぎなかった一面がある。信頼関係という美名の馴れ合いであった。

「部落差別解消推進法」

※ 当事者参加の原則

相談体制の充実、教育・啓発の充実、実態に係る調査

【当事者の求め】

① この法律を基本的にどのように受け止めたか

② 相談体制の充実、教育・啓発の推進に関してどのような方向性を考えているか

③ 今日、どのような部落差別の実態があると認識しているか

↓

「当事者による、当事者のための、当事者の人権」

主体性を忘れた行政の事なかれ主義が団体幹部の顔色をうかがい、トラブルさえなければよしとする風潮を招いた。あるいは、行政側は円滑な行政執行のために、積極的に有力幹部の力を利用することもあった」と厳しく批判し、行政の主体性・中立性・公正性を確保することを求めています。今回の法律の運用にあたっても、このたびの「部落解放運動への提言」は生かされなければいけないと思っています。

行政と運動体のいびつな関係の再発は避けなければなりません。それでは、法の活用に大きな支障が生じることになるからで、そのための努力が双方に求められます。

「部落差別解消推進法」

※　行政の主体性･自立性･公平性の確保

「部落解放運動への提言　一連の不祥事の分析と部落解放運動の再生にむけて(2007)」(部落解放運動提言委員会)

「過去の不祥事にさかのぼって検証しても、その背景には行政と運動団体幹部の一部との癒着がある。

ここには、真に人間解放をめざす同和行政というよりは、運動団体対策であり、団体幹部対策にすぎなかった一面がある。信頼関係という美名の馴れ合いであった。

主体性を忘れた行政の事なかれ主義が団体幹部の顔色をうかがい、トラブルさえなければよしとする風潮を招いた。あるいは、行政側は円滑な行政執行のために、積極的に有力幹部の力を利用することもあった。」

六　これからの課題

(一) 実態に係る調査

次に、これからの課題というところに話を移らせていただきます。

一つは実態に係る調査ということについてです。これまで国は、実態に係る調査についてはあまりしてこなかったということがあります。自治体レベルでは、実態に係る調査をされてきたし、また民間レベルでも、実態に係る調査が為されてきたということがあります。そういった、これまで自治体がしてきた実態調査とか、民間が行った実態調査とかを踏まえたうえで、国が新たな実態調査を実施するということが必要になってくるのではないかというふうに思います。

聞くところによりますと、各自治体に対して法務省の方から、これまでの実態に係る調査についてのデータを提供してほしいというふうに要請されて、すでに自治体の方から法務省の方に必要なデータを提供したということ、そして、現在それを踏まえて、どういうかたちで実態調査をするかということを法務省の方で検討しているということを聞いています。今後の推移について注目していきたいと考えているところです。

日本は、この実態に係る調査についての専門家が少ないということですので、当事者の方々と有識者の方々のご意見を参考にしながら進めていくことが必要ではないかと思っています。なによりも重要なことは、この実態に係る調査というのは調査することだけが目的ではないということです。必要な立法を講じていくためのものであるということを明らかにしていくということが、この実態に係る調査の意味です。

実態を明らかにしたうえで、それが現在の法的な枠組みではなかなか対応が難しいということを明らかにして、必要な立法措置を講じていく、というのが実態に係る調査の意味ということになろうかと思います。そういう意味では、現在のシステムの、どこがどのように問題なのかということを合わせて検討していくことで、実態に確実に反映されてくるものもあるのではないかと思います。私どもがやっている大阪の部落解放・人権研究所の差別禁止法研究会では、さまざまなマイノリティ差別について実態調査を進めていて、部落差別については調査の大きな柱として取り組み、報告書にまとめさせていただいていいます。今、法務省に提出していますが、法務省でも実態調査の参考にしていただきたいと考えているところです。

(二) インターネットでの部落差別

インターネットでの部落差別についての実態調査は、非常に大きな課題であると考えています。これまでと違って、インターネットでの差別というのは、いったん書き込まれると消すことが難しいだけではなく、瞬間的に世界中に伝播してしまいます。加えて、書き込みのすべてを被害当事者が把握するということは実際には困難で、当事者からの被害申告を受けて問題に対処するという方法だけでは救済できないという特徴もあります。量的にも質的にも非常に大きな被害を生じさせるインターネットでの部落差別についても、実態がどうなっているかを十分に調査することが必要です。

当事者の方だけでこのインターネットによる被害実態を明らかにしていくことは難しいということで、国・自治体などが一斉調査をするということをすべきではないかと、有識者の方から提案されています。ちなみに、全国部落調査復刻版出版事件というのが起こっています。

鳥取ループ・示現舎の人たちが、都内の大学図書館で『全国部落調査』を発見し、現住所を追加して全国の同和地区一覧リストをネット公開しました。そしてその後、『全国部落調査復刻版』を出版すると告知し、アマゾンで販売予約の受付を開始しました。

抗議を受けたアマゾンは、販売予約の取扱中止をしました。ところが、この鳥取ループの人たちは、今度は書店で販売するということを公表しました。当事者の抗議を受けても全然聞かないということで、東京法務局は人権侵犯として「説示（啓発）」をしましたが、この鳥取ループは、法務省人権機関の「説示」に強制力はない、任意だから従わないというかたちで、あくまでも強行しようとします。

そういうことで、当事者の方たちが、出版差し止めの仮処分申請をして、仮処分の決定

29　社会　19版　2016年（平成28年）3月4日　金曜日

差別本 差し止め提訴へ

部落解放同盟 同和地区名など掲載

部落解放同盟は3日、全国の同和地区の地名や関係する個人名などを掲載した本について、出版差し止めの訴訟を近く起こすことを明らかにした。名前を書かれた個人が原告になる見通し。出版元はインターネットで同和地区に関する情報提供を呼び掛けており、法務省に対応を求める。

部落解放同盟によると、出版元がインターネットで購入予約を受け付けていることを2月に知り、大手ネット通販会社や出版団体に取り扱いをしないように要請、了解を得た。

本に書かれた個人名は、個人情報保護法が不当な差別や偏見が生じないように定める「要配慮個人情報」に該当すると指摘している。

部落解放同盟は地方組織を通じ、全国の法務局に対策を求める方針で、組坂繁之委員長は「法務省は早く何らかの手段を取ってほしい」と話した。出版元は首都圏に拠点があり、東京法務局が本の内容などについて関係者から話を聞いているという。

◇　◇

東京都内で開かれていた部落解放同盟第73回全国大会は3日、2016年度運動方針などを採択して閉会した。

（前田隆夫）

がでました。そしたら鳥取ループの人たちは、その資料をネット・オークションで売るという行為にでました。当事者の方々は、そのオークションを中止するようヤフー本社に言いましたけれども、ヤフー本社は対応せず、五万円なにがしかの値で売られてしまったと、こういう事件です。

こういう事態は、現在のシステムではなかなか対応できない、そういう事件だったと思います。これを受けて、国会で議員の方が安倍内閣総理大臣に対して、インターネットによる差別被害についてどうするんですかと質問をしています。安倍総理の方からは、現在のシステムで適切に対応していると、こういう答弁しか出されていません。今後、現在のシステムでは現実的に不十分な対応しかできないということを、実態を踏まえたかたちで突き付けて、立法措置を求めていくことが必要ではないかと思います。

（三）差別につながる土地調査の問題

今回の法案の国会審議では取り上げられませんでしたが、国会の国土交通委員会では、差別につながる土地調査ということが問題になっています。

大阪府では、二〇一一年一〇月に「大阪府の部落差別事象に係る調査等の規制等に関する条例」を改正し、新たに土地調査等を行う者に対しても規制を行うとしています。土地調査を行う者の遵守事項として、「調査又は報告の対象となる土地及びその周辺の地域に同和地区があるかないかについて調査し、又は報告しないこと」が求められています。また、「同和地区の所在地の一覧表等の提供及び特定の場所又は地域が同和地区にあることの教示をしないこと」が定められています。そして、土地調査等を行う者が遵守事項に違反した場合には、知事が勧告や事実の公表ができるというものです。

つぎに先ほどの「大阪府部落差別調査等規制等条例」の興信所・探偵社業者に関わる概要を紹介します。

興信所・探偵社業者

【遵守事項】

○　特定の個人又はその親族の現在又は過去の居住地が同和地区にあるかないかについて調査し、又は報告しないこと。

○　同和地区の所在地の一覧表等の提供及び特定の場所又は地域が同和地区にあることの教示をしないこと。

【違反に対して】

○　指示→営業停止命令→罰則（三月以下の懲役・一〇万円以下の罰金）

○　罰則は両罰規定（行為者及び法人等に対して適用）を採用

土地調査等を行なう者

【遵守事項】

○　調査又は報告の対象となる土地及びその周辺の地域に同和地区があるかないかについて調査し、又は報告しないこと。

○　同和地区の所在地の一覧表等の提供及び特定の場所又は地域が同和地区にあることの教示をしないこと。

【違反に対して】

○　勧告（遵守事項に違反したとき、当該違反に係る行為を中止し、必要な措置を講ずべきことを勧告）

○　意見聴取後、事実の公表（報告の徴収に正当な理由なく応じなかったとき、又は勧告に従わなかったとき）

従来は、興信所、探偵社業者についてだけでしたが、土地調査等を行う者についても遵守事項が定められています。そして違反した者は勧告を受けます。ちなみに、興信所、探偵社業者については、違反に対しての指示、営業停止命令、罰則（この罰則は両罰規定）と段階を示したものになっています。

問題は、このような改正によって必要な規制が効果をもたらし、そういうことが行われていないかどうかということを調査・検証することが必要であるということです。そして、こういった調査・検証も、実態に係る調査の対象になるのではないかということです。法整備とか法システムができたとしても、それが現実に実効性を有しているかどうかということが分からなと、絵に描いた餅になりかねません。したがってそのような調査ということも、実態に係る調査に含まれているのではないかということです。

（四）福岡県部落差別事象の発生の防止に関する条例

次は地元の福岡県ですが、県は「福岡県部落差別事象の発生の防止に関する条例」というのをつくっています。「結婚や就職に際して、同和地区に居住していること又は居住していたことの調査が行われ、自らが望む結婚や就職ができないという、きわめて憂うべき、県民の基本的人権を侵害する差別事象が絶えない状況にある」こういうことから、一九九五（平成七）年に制定された次第です。

この条例では、県民及び事業者が差別意識の解消に積極的に取り組むために、県には啓発を行う責務、県民及び事業者には自ら啓発に努める責務を有することを明らかにするとともに、結婚や就職に際して同和地区へ居住していること又は居住していたことを調査してはならないと、こういうふうに定めています。県民に対しても、啓発に努めるよう責務があるんですよと謳っている点は、注目されるところです。

条例の概要を紹介しますと、三条では、県民及び事業者の責務について述べています。「調査を行い、又は依頼する行為、調査に関する資料等を提供、教示又は流布する行為その他の結婚および就職に際しての部落差別事象の発生につながるおそれのある行為をしてはならない」と定めています。つぎに知事の処置として、四条で、「発生を防止する上で必要な指導及び助言をする」と。それから六条で、事業者に対して、中止の要請をするということ、勧告をするということ、必要な資料の提供又は説明を求めるということ、勧告に従わないときには公表するということを定めています。

障害者差別解消推進法、ヘイトスピーチ解消法が制定され、つづいて部落差別解消推進法が制定されました。障害者差別解消推進法の制定については、自治体の方でも障害者差別解消条例とか、差別禁止条例というような条例がつくられ、国の法律と自治体の条例を車の両輪とするというかたちで施策が進められています。ヘイトスピーチについても、部落差別解消推進法についても、いくつかの自治体の方では、それに対応する条例をつくろうという取り組みをはじめているところもあると聞いています。

(五) 未履行の国連勧告

国連は、部落差別の問題等について日本政府に対して重ねて勧告をしています。

一つは、包括的な差別禁止法をつくりなさい、あるいは人権委員会等を設置して、部落差別の解消等に当たりなさいと、こういう勧告をしていることです。「部落民」の状況については、部落の人々と協議し、「部落民」の明確な定義を規定することを勧告するとしています。「部落民」の生活環境に対しては、同和特別対策の終了に伴ってとられた具体的措置に関する情報及び指標を提供することを勧告するとしています。

今後の方向 「部落差別解消推進法」

1. 未履行の国連勧告

① 包括的な差別禁止法をつくり、あるいは人権委員会等を設置して、部落差別の解消等に当たること。

② 戸籍情報への違法なアクセスから部落民を保護し、国籍の違法な濫用に関連するすべての事件を捜査し、責任者を処罰するために法を実効的に適用すること。

→ 「禁止法」と「救済法」の必要性

2. 部落差別解消推進法を前提とした施策の推進

① 現に部落差別が存在している。 ＝ 共通の尺度

② 国・自治体は差別の解消に努めていかなくてはいけない。

＝国・自治体の責務

③ 国民一人一人の理解を深める ＝ 部落差別のない社会の実現

さらに、差別的な行為にさらされ得る戸籍情報への違法なアクセスから部落民を保護し、国籍の違法な濫用に関連するすべての事件を捜査し、責任者を処罰するために法を実効的に適用することが勧告されています。

国連勧告との関連について言いますと、今回の部落差別解消推進法の制定で、勧告のすべてが実現されたとはとても言えないということです。いくつもの積み残された問題があります。それについては、今後も実態を明らかにすることを通して、この国連の勧告を実現するような取り組みをしていく必要があります。

おわりに

二〇一七年は、この問題の起点だった日本国憲法一四条が施行されてから七〇年という年に当たります。しかしながら、現実はなかなか部落差別の解消を実現していないという現状でして、この法律の前提は、「現に部落差別が存在している」、「国・自治体としては差別の解消に努めていかなくてはいけない」と、こういうふうに謳っていることです。そして、これを共通の尺度にして、今後部落差別のない社会の実現に向けて、それぞれの立場で取り組みをしていかなければいけない。そういう観点でこの法律を生かしていく。そういう努力をしていかなきゃいけない。こういうふうに思っているところです。

差別解消は、急な坂道を重い荷物を押して登っていくのに似ているのではないかと思います。ちょっと力を抜きますと、坂道を逆に転がり落ちてしまって、より悪い事態になってしまいます。みなさん方と力を合わせて、重い荷物を押して、差別のない世界を実現するように努めていくことができればと考えています。

二〇一七年度公益社団法人福岡県人権研究所
五月二七日　定時会員総会記念講演
（於　福岡県人権啓発総合センター）

（うちだ　ひろふみ　会員・九州大学名誉教授）

【資料】

部落差別の解消の推進に関する法律

（平成二十八年十二月十六日法律第一〇九号）

（目的）

第一条 この法律は、現在もなお部落差別が存在するとともに、情報化の進展に伴って部落差別に関する状況の変化が生じていることを踏まえ、全ての国民に基本的人権の享有を保障する日本国憲法の理念にのっとり、部落差別は許されないものであるとの認識の下にこれを解消することが重要な課題であることに鑑み、部落差別の解消に関し、基本理念を定め、並びに国及び地方公共団体の責務を明らかにするとともに、相談体制の充実等について定めることにより、部落差別の解消を推進し、もって部落差別のない社会を実現することを目的とする。

（基本理念）

第二条　部落差別の解消に関する施策は、全ての国民が等しく基本的人権を享有するかけがえのない個人として尊重されるものであるとの理念にのっとり、部落差別を解消する必要性に対する国民一人一人の理解を深めるよう努めることにより、部落差別のない社会を実現することを旨として、行われなければならない。

（国及び地方公共団体の責務）

第三条　国は、前条の基本理念にのっとり、部落差別の解消に関する施策を講ずるとともに、地方公共団体が講ずる部落差別の解消に関する施策を推進するために必要な情報の提供、指導及び助言を行う責務を有する。

2　地方公共団体は、前条の基本理念にのっとり、部落差別の解消に関し、国との適切な役割分担を踏まえて、国及び他の地方公共団体との連携を図りつつ、その地域の実情に応じた施策を講ずるよう努めるものとする。

（相談体制の充実）

第四条 国は、部落差別に関する相談に的確に応ずるための体制の充実を図るものとする。

2 地方公共団体は、国との適切な役割分担を踏まえて、その地域の実情に応じ、部落差別に関する相談に的確に応ずるための体制の充実を図るよう努めるものとする。

（教育及び啓発）

第五条 国は、部落差別を解消するため、必要な教育及び啓発を行うものとする。

2 地方公共団体は、国との適切な役割分担を踏まえて、その地域の実情に応じ、部落差別を解消するため、必要な教育及び啓発を行うよう努めるものとする。

（部落差別の実態に係る調査）

第六条 国は、部落差別の解消に関する施策の実施に資するため、地方公共団体の協力を得て、部落差別の実態に係る調査を行うものとする。

附則

この法律は、公布の日から施行する。

衆議院法務委員会附帯決議
部落差別の解消の推進に関する法律案に対する附帯決議

政府は、本法に基づく部落差別の解消に関する施策について、世代間の理解の差や地域社会の実情を広く踏まえたものとなるよう留意するとともに、本法の目的である部落差別の解消の推進による部落差別のない社会の実現に向けて、適正かつ丁寧な運用に努めること。

右決議する。

参議院法務委員会附帯決議

部落差別の解消の推進に関する法律案に対する附帯決議

国及び地方公共団体は、本法に基づく部落差別の解消に関する施策を実施するに当たり、地域社会の実情を踏まえつつ、次の事項について格段の配慮をすべきである。

1 部落差別のない社会の実現に向けては、部落差別を解消する必要性に対する国民の理解を深めるよう努めることはもとより、過去の民間運動団体の行き過ぎた言動等、部落差別の解消を阻害していた要因を踏まえ、これに対する対策を講ずることも併せて、総合的に施策を実施すること。

2 教育及び啓発を実施するに当たっては、当該教育及び啓発により新たな差別を生むことがないように留意しつつ、それが真に部落差別の解消に資するものとなるよう、その内容、手法等に配慮すること。

3 国は、部落差別の解消に関する施策の実施に資するための部落差別の実態に係る調査を実施するに当たっては、当該調査により新たな差別を生むことがないように留意しつつ、それが真に部落差別の解消に資するものとなるよう、その内容、手法等について慎重に検討すること。

右決議する。

福岡県部落差別事象の発生の防止に関する条例

平成七年一〇月二〇日
福岡県条例第三七号

(目的)

第一条 この条例は、同和地区(歴史的社会的理由により生活環境等の安定向上が阻害されている地域をいう。以下同じ。)に居住していること又は居住していたことを理由としてなされる結婚及び就職に際しての差別事象(以下「結婚及び就職に際しての部落差別事象」という。)の発生の防止について、県、県民及び事業者の責務を明らかにするとともに、結婚及び就職に際しての同和地区への居住に係る調査(以下「調査」という。)の適正化に関し必要な事項を定めることにより、県民の基本的人権の擁護に寄与することを目的とする。

(県の責務)

第二条 県は、結婚及び就職に際しての部落差別事象の発生を防止し、県民の基本的人権の擁護に寄与するため、国及び市町村と協力して必要な啓発を行う責務を有する。

（県民及び事業者の責務）

第三条 県民及び事業者は、この条例の精神を尊重し、自ら啓発に努めるとともに、県が実施する施策に協力する責務を有する。

2 県民及び事業者は、調査を行い、又は依頼する行為、調査に関する資料等を提供、教示又は流布する行為その他の結婚及び就職に際しての部落差別事象の発生につながるおそれのある行為をしてはならない。

（指導及び助言）

第四条 知事は、県民及び事業者に対し、結婚及び就職に際しての部落差別事象の発生を防止する上で必要な指導及び助言をすることができる。

（申出）

第五条 調査の対象とされた者又は当該調査の発生を知った者は、その旨を知事へ申し出ることができる。

（勧告等）

第六条 知事は、県の区域内に事務所若しくは事業所又は住所を有する事業者（以下「県内事業者」という。）が自ら調査を行い、又は調査を受託したと認めるときは、該当県内事業者に対し、当該調査を中止すべき旨並びに結婚及び就職に際しての部落差別事象の発生の防止のために必要な措置をとるべき旨を勧告することができる。

2　知事は、前項の勧告を行うに当たり必要な限度において、県内事業者に対し、必要な資料の提出又は説明を求めることができる。

3　知事は、県内事業者が第一項の規定による勧告に従わないとき又は前項の規定により必要な資料の提出若しくは説明を求めた場合においてこれを拒否したときは、その旨を公表することができる。

4　知事は、前項の公表をしようとするときは、あらかじめ、当該県内事業者に対しその旨を通知し、当該県内事業者又はその代理人の出席を求め、意見の聴取を行わなければならない。

（解釈及び運用）

第七条　この条例は、基本的人権の尊重の精神に基づいて、これを解釈し、及び運用するようにしなければならない。

（規則への委任）

第八条　この条例の施行に関し必要な事項は、規則で定める。

附則

この条例は、公布の日から施行する。ただし、第五条及び第六条の規定は、平成八年一月一日から施行する。

「部落差別の解消の推進に関する法律」の施行後、いち早く条例を制定したたつの市の条例を資料として、その提案理由と条文を掲載します。

たつの市部落差別の解消の推進に関する条例

平成二九年一二月二五日条例第一八号

提案の理由（議事録から）

同和問題は、日本社会の歴史的発展の過程で形づくられた身分階層構造に基づく差別により、日本国民の一部の人々が長い間、経済的、社会的、文化的に低位の状態を強いられ、日常生活の上でさまざまな差別を受けるなど、我が国固有の重大な人権問題である。

この対策のため、昭和四四年に国策として同和対策事業特別措置法が施行され、その後さまざまな法改正の変遷のもと、平成一四年まで対策事業が実施されてきた。その結果、物的な基盤整備は着実に成果を上げ、改善されて来た。しかし、残念ながら、今なお差別発言、差別待遇の事案のほか、差別的な内容の文書が送付されたり、インターネット上で差別を助長するような内容の書き込みがなされたりするといった事案が発生しており、本市内においても決して例外ではなく、これら差別に苦しむ市民の心情は察するに余りある。

そこで、部落差別の解消の推進に関する法律が昨年一二月一六日に施行されたことを契機に、差別や偏見に基づくこうした行為は他人の人格や尊厳を傷つけるもので、決して許されないものとの人権尊重の理念にのっとり、同和問題を正しく理解し、市民一人一人の人権が尊重される人権尊重のまちづくりを目指すため、本案を提案する。

（目的）

第一条　この条例は、現在もなお部落差別が存在するとともに、情報化の進展に伴って部落差別に関する状況の変化が生じていることを踏まえ、全ての国民に基本的人権の享有を保障する日本国憲法、部落差別のない社会の実現を目指す部落差別の解消の推進に関する法律（平成二八年法律第一〇六号）及び人権尊重のまちづくりを提唱するたつの市人権尊重都市宣言（平成一八年一二月二六日議決）の理念にのっとり、部落差別は許されないものであるとの認識の下にこれを解消することが重要な課題であることに鑑み、部落差別の解消に関し、基本理念を定め、市の責務を明らかにするとともに、相談体制の充実等について定めることにより、部落差別の解消を推進し、もって部落差別のないたつの市を実現することを目的とする。

（基本理念）

第二条　部落差別の解消に関する施策は、全ての市民が等しく基本的人権を享有するかけがえのない個人として尊重されるものであるとの理念にのっとり、部落差別を解消する必要性に対する市民一人一人の理解を深めるよう努めることにより、部落差別のないたつの市を実現することを旨として、行われなければならない。

（市の責務）

第三条　市は、前条の基本理念にのっとり、国及び県との適切な役割分担を踏まえて、国及び県との連携を図りつつ、部落差別の解消に関する施策を講ずる責務を有する。

（相談体制の充実）

第四条　市は、国及び県との適切な役割分担を踏まえて、部落差別に関する相談に的確に応ずるための体制の充実を図るものとする。

（教育及び啓発）

第五条　市は、国及び県との適切な役割分担を踏まえて、部落差別を解消するため、必要な教育及び啓発を行うものとする。

（計画の策定及び調査の実施）

第六条　市は、部落差別の解消に関する施策を推進するため、たつの市部落差別解消推進基本計画を策定するものとする。

2　市は、部落差別の解消に関する施策の実施及び前項の計画の策定のため、必要に応じて、部落差別の実態等に係る調査を行うものとする。

（推進体制の充実）

第七条　市は、部落差別の解消に関する施策を効果的に推進するため、国、県及び部落差別の解消に関する各種団体との連携を深めるとともに、市の組織の整備又は充実に努めなければならない。

（審議会）

第八条　市は、部落差別の解消に関する施策を審議するため、たつの市部落差別解消推進審議会を置く。

2　前項の審議会の組織及び運営に関する事項は、市長が別に定める。

（委任）

第九条　この条例の施行に関して必要な事項は、市長が別に定める。

附　則

この条例は、平成三〇年四月一日から施行する。

世界人権宣言（全文）

※１９４８年１２月１０日、国連総会で採択

前　文

人類社会のすべての構成員の固有の尊厳と平等で譲ることのできない権利とを承認することは、世界における自由、正義及び平和の基礎であるので、

人権の無視及び軽侮が、人類の良心を踏みにじった野蛮行為をもたらし、言論及び信仰の自由が受けられ、恐怖及び欠乏のない世界の到来が、一般の人々の最高の願望として宣言されたので、

人間が専制と圧迫とに対する最後の手段として反逆に訴えることがないようにするためには、法の支配によって人権保護することが肝要であるので、

諸国間の友好関係の発展を促進することが、肝要であるので、

国際連合の諸国民は、国際連合憲章において、基本的人権、人間の尊厳及び価値並びに男女の同権についての信念を再確認し、かつ、一層大きな自由のうちで社会的進歩と生活水準の向上とを促進することを決意したので、

加盟国は、国際連合と協力して、人権及び基本的自由の普遍的な尊重及び遵

守の促進を達成することを誓約したので、

これらの権利及び自由に対する共通の理解は、この誓約を完全にするためにもっとも重要であるので、

よって、ここに、国際連合総会は、

社会の各個人及び各機関が、この世界人権宣言を常に念頭に置きながら、加盟国自身の人民の間にも、また、加盟国の管轄下にある地域の人民の間にも、これらの権利と自由との尊重を指導及び教育によって促進すること並びにそれらの普遍的かつ効果的な承認と遵守とを国内的及び国際的な漸進的措置によって確保することに努力するように、すべての人民とすべての国とが達成すべき共通の基準として、この世界人権宣言を公布する。

第1条

すべての人間は、生れながらにして自由であり、かつ、尊厳と権利とについて平等である。人間は、理性と良心とを授けられており、互いに同胞の精神をもって行動しなければならない。

第2条

1　すべて人は、人種、皮膚の色、性、言語、宗教、政治上その他の意見、国

民的若しくは社会的出身、財産、門地その他の地位又はこれに類するいかなる事由による差別をも受けることなく、この宣言に掲げるすべての権利と自由とを享有することができる。

2　さらに、個人の属する国又は地域が独立国であると、信託統治地域であると、非自治地域であると、又は他のなんらかの主権制限の下にあるとを問わず、その国又は地域の政治上、管轄上又は国際上の地位に基づくいかなる差別もしてはならない。

第3条

すべて人は、生命、自由及び身体の安全に対する権利を有する。

第4条

何人も、奴隷にされ、又は苦役に服することはない。奴隷制度及び奴隷売買は、いかなる形においても禁止する。

第5条

何人も、拷問又は残虐な、非人道的な若しくは屈辱的な取扱若しくは刑罰を受けることはない。

第6条

すべて人は、いかなる場所においても、法の下において、人として認められる権利を有する。

第7条

すべての人は、法の下において平等であり、また、いかなる差別もなしに法の平等な保護を受ける権利を有する。すべての人は、この宣言に違反するいかなる差別に対しても、また、そのような差別をそそのかすいかなる行為に対しても、平等な保護を受ける権利を有する。

第8条

すべて人は、憲法又は法律によって与えられた基本的権利を侵害する行為に対し、権限を有する国内裁判所による効果的な救済を受ける権利を有する。

第9条

何人も、ほしいままに逮捕、拘禁、又は追放されることはない。

第10条

すべて人は、自己の権利及び義務並びに自己に対する刑事責任が決定されるに当っては、独立の公平な裁判所による公正な公開の審理を受けることについて完全に平等の権利を有する。

第11条

1　犯罪の訴追を受けた者は、すべて、自己の弁護に必要なすべての保障を与えられた公開の裁判において法律に従って有罪の立証があるまでは、無罪と推定される権利を有する。

2　何人も、実行の時に国内法又は国際法により犯罪を構成しなかった作為又は不作為のために有罪とされることはない。また、犯罪が行われた時に適用される刑罰より重い刑罰を課せられない。

第12条

何人も、自己の私事、家族、家庭若しくは通信に対して、ほしいままに干渉され、又は名誉及び信用に対して攻撃を受けることはない。人はすべて、このような干渉又は攻撃に対して法の保護を受ける権利を有する。

第13条

1　すべて人は、各国の境界内において自由に移転及び居住する権利を有する。

2　すべて人は、自国その他いずれの国をも立ち去り、及び自国に帰る権利を有する。

第14条

1　すべて人は、迫害を免れるため、他国に避難することを求め、かつ、避難する権利を有する。

2　この権利は、もっぱら非政治犯罪又は国際連合の目的及び原則に反する行為を原因とする訴追の場合には、援用することはできない。

第15条

1　すべて人は、国籍をもつ権利を有する。

2　何人も、ほしいままにその国籍を奪われ、又はその国籍を変更する権利を否認されることはない。

第16条

1　成年の男女は、人種、国籍又は宗教によるいかなる制限をも受けることなく、婚姻し、かつ家庭をつくる権利を有する。成年の男女は、婚姻中及びその解消に際し、婚姻に関し平等の権利を有する。

2　婚姻は、両当事者の自由かつ完全な合意によってのみ成立する。

3　家庭は、社会の自然かつ基礎的な集団単位であって、社会及び国の保護を受ける権利を有する。

第17条

1　すべて人は、単独で又は他の者と共同して財産を所有する権利を有する。

2　何人も、ほしいままに自己の財産を奪われることはない。

第18条

すべて人は、思想、良心及び宗教の自由に対する権利を有する。この権利は、宗教又は信念を変更する自由並びに単独で又は他の者と共同して、公的に又は私的に、布教、行事、礼拝及び儀式によって宗教又は信念を表明する自由を含む。

第19条

すべて人は、意見及び表現の自由に対する権利を有する。この権利は、干渉を受けることなく自己の意見をもつ自由並びにあらゆる手段により、また、国境を越えると否とにかかわりなく、情報及び思想を求め、受け、及び伝える自由を含む。

第20条

1　すべての人は、平和的集会及び結社の自由に対する権利を有する。

2　何人も、結社に属することを強制されない。

第21条

1　すべて人は、直接に又は自由に選出された代表者を通じて、自国の政治に参与する権利を有する。

2　すべて人は、自国においてひとしく公務につく権利を有する。

3　人民の意思は、統治の権力を基礎とならなければならない。この意思は、定期のかつ真正な選挙によって表明されなければならない。この選挙は、平等の普通選挙によるものでなければならず、また、秘密投票又はこれと同等の自由が保障される投票手続によって行われなければならない。

第22条

すべて人は、社会の一員として、社会保障を受ける権利を有し、かつ、国家的努力及び国際的協力により、また、各国の組織及び資源に応じて、自己の尊厳と自己の人格の自由な発展とに欠くことのできない経済的、社会的及び文化的権利を実現する権利を有する。

第23条

1　すべて人は、勤労し、職業を自由に選択し、公正かつ有利な勤労条件を確保し、及び失業に対する保護を受ける権利を有する。

2　すべて人は、いかなる差別をも受けることなく、同等の勤労に対し、同等の報酬を受ける権利を有する。

3　勤労する者は、すべて、自己及び家族に対して人間の尊厳にふさわしい生活を保障する公正かつ有利な報酬を受け、かつ、必要な場合には、他の社会的保護手段によって補充を受けることができる。

4　すべて人は、自己の利益を保護するために労働組合を組織し、及びこれに参加する権利を有する。

第24条

すべて人は、労働時間の合理的な制限及び定期的な有給休暇を含む休息及び余暇をもつ権利を有する。

第25条

1　すべて人は、衣食住、医療及び必要な社会的施設等により、自己及び家族の健康及び福祉に十分な生活水準を保持する権利並びに失業、疾病、心身障害、配偶者の死亡、老齢その他不可抗力による生活不能の場合は、保障を受ける権利を有する。

2　母と子とは、特別の保護及び援助を受ける権利を有する。すべての児童は、嫡出であると否とを問わず、同じ社会的保護を受ける。

第26条

1　すべて人は、教育を受ける権利を有する。教育は、少なくとも初等の及び基礎的の段階においては、無償でなければならない。初等教育は、義務的でなければならない。技術教育及び職業教育は、一般に利用できるものでなければならず、また、高等教育は、能力に応じ、すべての者にひとしく開放されていなければならない。

2　教育は、人格の完全な発展並びに人権及び基本的自由の尊重の強化を目的としなければならない。教育は、すべての国又は人種的若しくは宗教的集団の相互間の理解、寛容及び友好関係を増進し、かつ、平和の維持のため、国際連合の活動を促進するものでなければならない。

3　親は、子に与える教育の種類を選択する優先的権利を有する。

第27条

1　すべて人は、自由に社会の文化生活に参加し、芸術を鑑賞し、及び科学の進歩とその恩恵とにあずかる権利を有する。

2　すべて人は、その創作した科学的、文学的又は美術的作品から生ずる精神的及び物質的利益を保護される権利を有する。

第28条

すべて人は、この宣言に掲げる権利及び自由が完全に実現される社会的及び国際的秩序に対する権利を有する。

第29条

1　すべて人は、その人格の自由かつ完全な発展がその中にあってのみ可能である社会に対して義務を負う。

2　すべて人は、自己の権利及び自由を行使するに当っては、他人の権利及び自由の正当な承認及び尊重を保障すること並びに民主的社会における道徳、公の秩序及び一般の福祉の正当な要求を満たすことをもっぱら目的として法律によって定められた制限にのみ服する。

3　これらの権利及び自由は、いかなる場合にも、国際連合の目的及び原則に反して行使してはならない。

第30条　この宣言のいかなる規定も、いずれかの国、集団又は個人に対して、この宣言に掲げる権利及び自由の破壊を目的とする活動に従事し、又はそのような目的を有する行為を行う権利を認めるものと解釈してはならない。